Das sind **Kofi** 

und seine Freundin **Fina**  .

Die beiden sind Kofferfische.
Kofferfische sind immer unterwegs.
Mal sind sie im Meer, mal auf dem Berg …

Kofi und Fina sprechen in Reimen.
Aber manchmal fehlt noch Kofis Reim
und manchmal fehlt noch Finas Reim.

Es gibt zwei Wege,
den fehlenden Reim zu finden.

1. Weg Du erfindest die zweite Hälfte selbst.

2. Weg Hinten im Heft ist ein Stickerbogen.
Dort suchst du den Reim. Den klebst du auf die Seite.
Dann sieht es so aus:

Inhalt

Hier sind einige Schüttelwörter hineingeraten.
Trage die richtigen Wörter ein.
Tipp: Schau nachher auf den Seiten nach.

1. Woche

2. Woche

3. Woche

4. Woche

5. Woche

6. Woche

ABC-Spiele

Der Luftballon will hoch hinaus.
Sein Band hängt leider quer am Haus.
Das Haus gehört der blauen Maus.

Die Maus holt eine große Leiter.
Sie steigt aufs Dach – noch heiter.
Doch oben geht's jetzt
nicht mehr weiter.

Denn oben warten Katzen.
Sie haben scharfe Tatzen,
die können fix und böse kratzen.

Die Maus macht mutig einen Satz.
Sie findet glücklich Halt und Platz
am Schwanzgefieder
von Herrn Spatz.

Welcher Buchstabe des ABC fehlt in der Versgeschichte? ☐

Finde Wörter mit diesem Buchstaben.
Überlege: Wo könnte eines der Wörter
in der Versgeschichte Platz finden?

Ordne die Wörter jeder Reihe nach dem ABC und nummeriere sie.

Bilde mit dieser Reihenfolge lustige Sätze.
Manchmal musst du noch Endungen an die Wörter setzen.

gelb	gehen	Gemüse	gießen	Gabi	Gackergans
				1	2

Gabi Gackergans

Nilpferde	9	Nashorn	Nadja	neugierig	niedlich	necken

baden	barfuß	Bachstelze	braun	Brezeln	Babette	bezuckert

Mammuts	mit	manchmal	malen	modern	Magda	Mopeds	Makrele

Inspektor Froscholoff findet alles

Der Küchenraub Folge 1

Herr Erpelowski war sehr aufgeregt.
„Sehen Sie, Herr Inspektor!
Mein Kühlschrank ist leer. Der Einbrecher hat die ganze Entengrütze gestohlen."

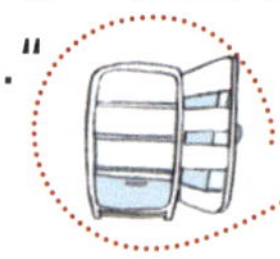

„Hm", sagte Inspektor Froscholoff, „Entengrütze."
Er sah sich in der Küche um und fragte:
„Haben Sie ein Foto von Ihrer Küche vor dem Einbruch?"

„Ja, zufällig vor zwei Tagen habe ich die Küche fotografiert."
Herr Erpelowski gab Froscholoff ein Foto  .
Froscholoff sah das Foto an und sagte:
„Herr Erpelowski, der Einbrecher hat noch etwas ganz anderes gestohlen."

Was hat der Dieb noch gestohlen?

Froscholoff betrachtete gründlich den Küchenboden und sagte fröhlich: „Der Einbrecher hat Spuren hinterlassen. Das erleichtert die Ermittlung sehr.
Hier sind meine Spurenkarten, sehen Sie."

Wessen Spuren erkennst du in der Küche?

Inspektor Froscholoff und Herr Erpelowski betrachten den Tatort.

Das Foto der Küche: So sah es vor zwei Tagen aus.

Drei dicke Elefanten

Der **dicke** Elefant frisst jeden Tag fünf Brote.

Der **dickere** Elefant frisst jeden Tag fünf mal fünf Brote.

Und was tut der **dickste** Elefant? Schau in der blauen Kiste nach.

Der dickste Elefant frisst ______________________________

______________________ .

In den beiden Kisten findest du Verben und Wortgruppen.
Baue lustige Sätze mit ihnen.
Die Adjektive musst du steigern – wie bei den **dicken** Elefanten.
Manche Verben musst du mehrmals benutzen.

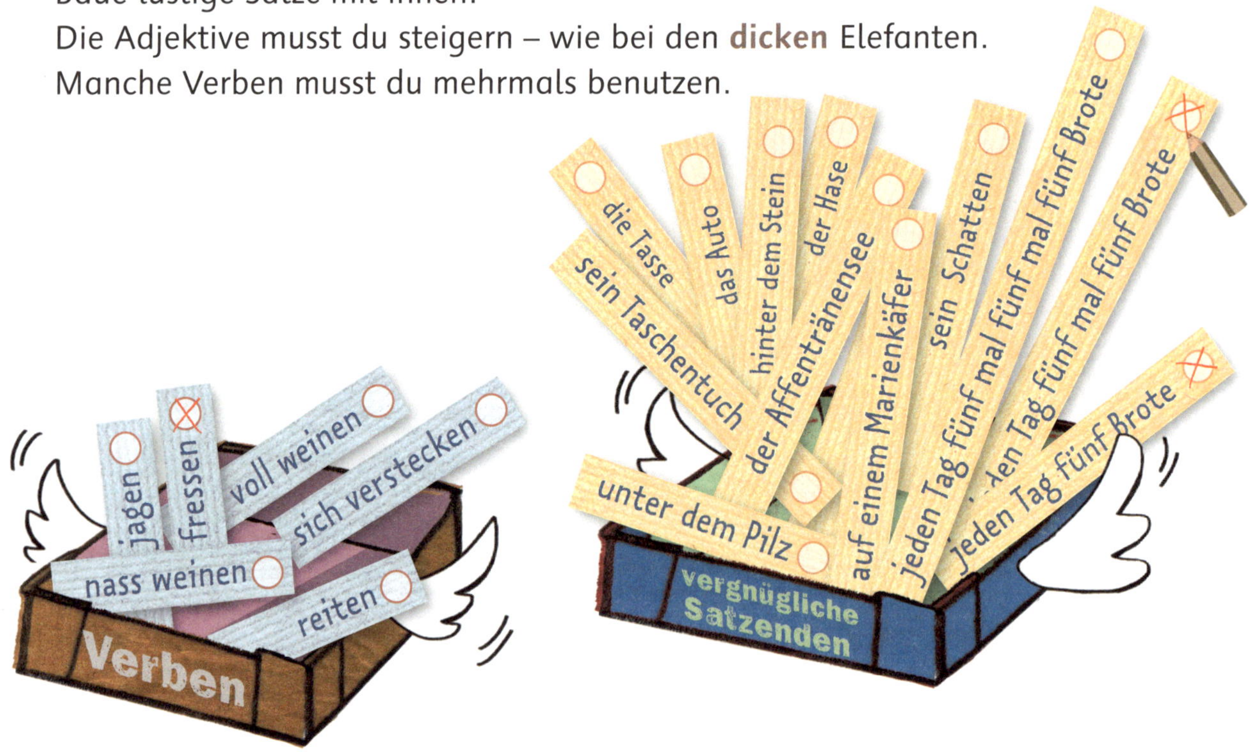

Drei winzige Giraffen 

Die winzige Giraffe versteckt sich ______________________________ .

Die winzigere Giraffe ______________________________ .

Die ______________________________

______________________________ .

Drei traurige Affen

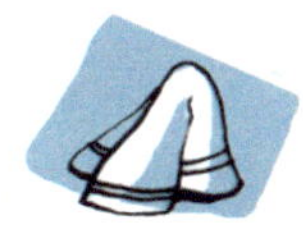

Der ______________________________ .

Der ______________________________ .

Der ______________________________

______________________________ .

Drei dumme Hunde

Der ______________________________ .

Der ______________________________ .

Der ______________________________

______________________________ .

Drei Kätzchen

Schreibe zu jedem Bild einen Satz.

Es waren einmal drei Kätzchen –
ein schwarzes, ein weißes und ein graues.

Sie sahen eine Maus und

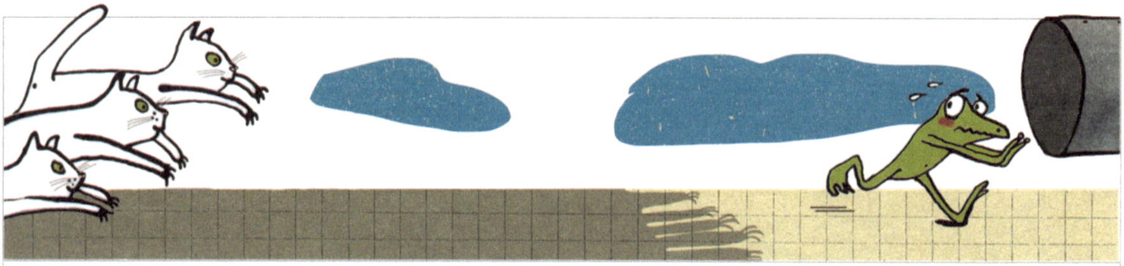

Nomen-Spiele

Drehwörter Drehwörter

Wie heißen diese Wörter richtig?

Flohwasser

Bürstenzahn

Schirmregen

Eisenhuf

Stiefelgummi

Waldnadel

Fischgold

Falsche Paare

Wie heißen diese acht Wörter richtig?
Suche zum ersten Wortteil den passenden zweiten und verbinde beide.
Dann schreibe das neue zusammengesetzte Wort auf.

Mittelei Bratsenkel Rückenbart Wasserschnuppe

Spiegelpfanne Sternstürmer Schnürflosse Vollfloh

Bratpfanne,

Wörter - BRÜCKEN - Bogen

Motor Hauben Taucher

Auto Haus Tür

Apfel Baum Haus

Kraken Fuß Leuchter

Drachen Hand Band

Löwen Zahn Arzt

Sonnen Brillen Schlange

Sommer Weiße Tropfen

Schloss Geister Bahn

Welche Wörter fehlen in der Mitte? Setze sie ein.

Hier kannst du selbst Wörterbrücken bauen:

Schnür	flossen	Elefanten
Rücken	bart	senkel
Mittel	Spiegel	Bratpfanne

Die Geheim-Lese-Maschine

Herr Froscholoff verschickt gerne Postkarten.
Postkarten haben viele Vorteile:
Das Porto ist billiger und vorn ist ein Bild.
Postkarten haben aber einen großen Nachteil:
Jeder kann lesen, was da geschrieben steht.

Für ganz geheime Nachrichten hat Froscholoff eine Geheimschrift erfunden. Die kann nur lesen, wer eine **Geheim-Lese-Maschine** hat.

Diese Karte hat Froscholoff seinem Freund geschrieben.

So hat Froscholoff seine **Geheim-Lese-Maschine** gebaut.
Damit kann er Geheimschriften schreiben und lesen.
So schreibt er seine Geheimschrift: A wird zu Z, B wird zu A

Das braucht er:

1. eine größere Pappscheibe
2. eine kleinere Pappscheibe
3. eine Klammer 
Damit verbindet er die beiden Scheiben in der Mitte.

Buchstaben für Geheimtext
Buchstaben für echten Text

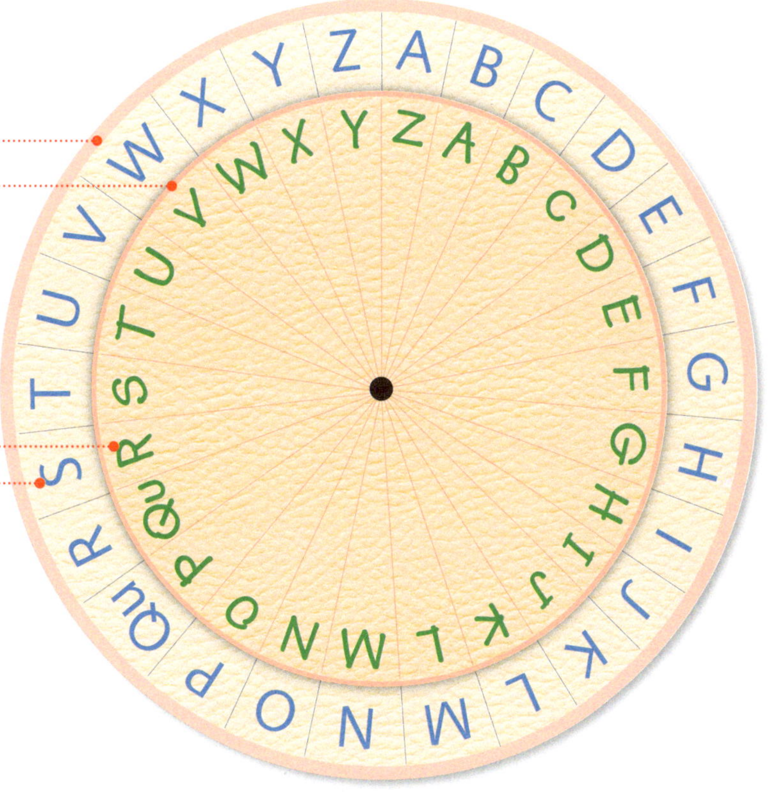

Auf dem hinteren Umschlag findest du eine Bastelanleitung.

Schreibe hier, was Froscholoff seinem Freund geschrieben hat.
Wenn Froscholoffs Freund das gelesen hat, wird er froh sein.

Lieber

Witze mit Lücken

Was fehlt hier?
Suche die passenden Wörter in den Wolken und setze sie ein.

Ein Elefant kommt in ______________________ .

Der ______________________ fragt: „Was möchten Sie?"

„ ______________________ ", antwortet der Elefant.

Der Verkäufer fleht ihn an: „Aber bitte, bitte nicht hier!"

Oma hat sich ______________________ ganz kurz schneiden lassen. „Omi, du siehst gar nicht mehr aus wie eine alte Frau",ruft der Enkel.

Oma lächelt und fragt: „Na, wie sehe ich denn jetzt aus?"

„Wie ein ______________________ ", antwortete der kleine Enkel.

Ein ______________________ geht allein zum Optiker.

„Ich brauche eine ______________ !", sagt er. „Kurzsichtig oder weitsichtig?"

„Egal. Hauptsache durchsichtig!"

 ______________________ schmieden Urlaubspläne.

Kommt der Sohn und sagt: „Ich möchte irgendwohin,

wo ich schon lange nicht mehr war.“ Darauf antwortet ______________ :

„Na, dann geh mal zum ______________ .“

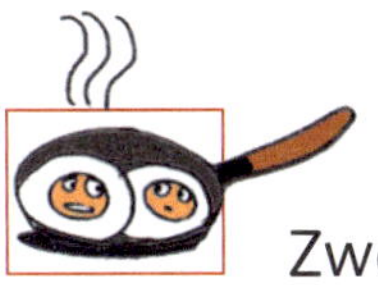 Zwei ______________ treffen sich

in der ______________ .

„Wie geht's?“, fragt das eine ______________ .

„Ach“, stöhnt das andere, „nicht sehr gut,

ich fühle mich heute so zerschlagen.“

Würfelspiel

Ihr braucht: für jeden Mitspieler eine Figur → 1 Würfel → 1 kleines Blatt Papier → 1 Stift → 1 Schal oder Tuch

Du bist im Spinnennetz gefangen. Setze eine Runde aus.

Gehe so viele Felder in diese Richtung.

1. Du hast Angst. Krieche unter den Tisch und setze eine Runde aus.
2. Ein Mitspieler schreibt dir 3 Wörter auf einen Zettel.
   Erzähle du nun eine kleine Geschichte, in der diese Wörter vorkommen. Gehe 2 Felder vor.
3. Der Hund hat vier Beine,
   der Goldfisch hat kein's.
   Ich will eine EINS.
   Setze für Hund und Goldfisch andere Tiere ein, dann darfst du 1 Feld vor.
4. Fledermäuse sind nachts aktiv. Gehe mit verbundenen Augen einmal um den Tisch herum.
5. Der Hund legt sich schlafen,
   das Huhn legt ein Ei.
   Ich will eine ZWEI.
   Hast du diesen Spruch laut gerufen, darfst du 2 Felder weitergehen.
6. Fledermäuse schlagen beim Fliegen ständig mit den Flügeln und wechseln die Richtung. Mache den „Flatterflug“ nach. Dann fliege 1 Feld weiter.
7. Willst du ein Feld vorwärtsgehen, muss erst ein Reim zur Fledermaus entstehen.
8. Der Hund spitzt die Ohren,
   schleicht ein Räuber vorbei.
   Ich will eine DREI!
   Wie kann man sich noch bewegen? Nenne 5 Verben. Dann schleiche leise 3 Felder weiter.
9. Was hast du gewürfelt? Gehe so viele Schritte rückwärts.
10. Du kannst erst mit einer SECHS weiterspielen.
11. Fledermäuse halten Winterschlaf. Schlafe auch du eine Runde. Schnarche so lange.
12. Der Hund ist kein Spielzeug,
    der Hund ist ein Tier.
    Ich will eine VIER!
    Beschwörst du den Würfel mit einem „Vierer-Spruch“, darfst du natürlich 4 Felder vorrücken.

Kreuzgitter Rätsel

G	H	K	A	R	O	T	T	E	H	K	M	F	I
M	E	T	X	O	C	U	M	S	A	Ä	S	R	P
A	F	M	I	G	E	L	K	T	A	N	N	E	T
R	B	Z	T	G	R	P	F	P	C	G	B	H	K
I	O	F	L	E	D	E	R	M	A	U	S	X	P
E	R	F	U	N	A	Y	G	A	Z	R	N	B	G
N	P	E	C	D	P	M	N	U	H	U	R	I	E
K	A	R	T	O	F	F	E	L	P	Z	Q	R	U
Ä	L	U	S	W	A	T	G	W	S	L	U	N	H
F	O	J	K	A	U	L	Q	U	A	P	P	E	M
E	K	I	H	N	R	E	D	R	D	S	I	F	O
R	O	T	K	O	H	L	T	F	E	R	K	E	L

Im Kreuzgitter findest du 17 Namen von Tieren und Pflanzen.
Die 5 Bilder und die Hinweise helfen dir beim Suchen.

- die größte Eule …
- eine Getreideart …
- ein Frühblüher …
- ein Beuteltier …
- ein Nadelbaum …
- ein rotes Gemüse …
- ein Tier mit Stacheln …
- ein fliegendes Säugetier …
- das Kind vom Schwein …
- er gräbt kleine Haufen …
- ein anderes Wort für „Möhre“ …
- sie schlüpft aus einem Froschei …

Gibt's denn so was?

		ja	nein
1	Eine Schnecke, die kopfüber unter der Wasseroberfläche hängen kann?		
2	Eine Schildkröte, die ein halbes Jahr unter Wasser leben kann, ohne aufzutauchen?		
3	Eine Blume, die immer wieder sauber und nicht nass wird?		
4	Einen Vogel, der über 200 Kilometer in der Stunde fliegen kann?		
5	Ein Säugetierbaby, das wie ein Fisch aussieht und mit der Schwanzflosse voran geboren wird?		
6	Ein Tier, das in seinem Körper einen großen Wasservorrat mit sich trägt?		
7	Ein Körperteil des Menschen, das lebenslang wächst?		
8	Eine Wasserspinne, die beim Tauchen trocken bleibt?		
9	Ein Tier, das über 200 Zähne hat?		

Genaue Antworten kannst du auf Seite 22 lesen.

5. Woche

Texte Franz Zauleck & Liane Lemke

Redaktion Barbara Bütow

Illustration Maja Bohn

Innengestaltung Linde de Maizière

Hinweise für die Erwachsenen

Ferien sind Ferien. Die Reise durch die Geschichten, Reime und Rätsel des Sommerheftes soll den Kindern ein Vergnügen sein, freiwillig und spielerisch.
Manchmal wird es hilfreich sein, die Basteleien (Geheim-Lese-Maschine) oder ein Spiel (Würfel-Spiel) gemeinsam zu machen. Dann macht es auch noch mehr Spaß.
Und wenn es Spaß macht, lernt man am besten!

Die hier aufgeführten Übungsaspekte in den Texten, Spielen und Aufgaben sind exemplarisch und nur zur Orientierung für interessierte Erwachsene:

2 Orientieren; Schüttelwörter **4** Versgeschichte lesen; Alphabet **5** alphabetisches Ordnen; Sätze bilden; Wortendungen **6** Text lesen und erfassen; optisches Differenzieren **8** Steigerung von Adjektiven; Satzbildung; Verben konjugieren **10** Aufschreiben einer Geschichte zu vorgegebenen Bildern **12** zusammengesetzte Nomen **13** Brückenwörter bilden **14** Text lesen und erfassen **15** Geheimschrift entschlüsseln; Text aufschreiben **16** Lückentext lesen und Wörter sinnvoll in Lücken einsetzen **18** Würfelspiel mit Sprachaufgaben (Wort-, Textebene); Körperübungen **20** Wortbilder erfassen, Rätsel **21** Lesen, Sachwissen prüfen **22** Lesen **23** Postkarte basteln, schreiben; Adresse schreiben **24** richtiges Schreiben von Wörtern **26** Text lesen, erfassen; Text und Bild vergleichen; Kombinieren **28** Text lesen, erfassen **32** Lückengeschichte sinnvoll ergänzen, Text lesen **33** Geschichte zu vorgegebenem Anfang weiterschreiben **Umschlag hinten** Geheim-Lese-Scheibe ausschneiden, basteln und anwenden

Textquellen
19 Maar, Paul: Würfelbeschwörungen (Der Hund hat … Der Hund legt sich schlafen … Der Hund spitzt … Der Hund ist kein …) Originalbeitrag 28 Sparschuh, Jens: Parzival. Aus: Parzival Pechvogel (Auszug). Verlag Nagel & Kimche, Frauenfeld / Zürich

Fotocollagen von Maja Bohn unter Verwendung folgender **Fotos:** 4/5 ff. sandals, alone on the beach © ar170na – Fotolia.com 8/9 ff. © Piotr Skubisz – Fotolia.com 14/15 ff. raining © Stas Perov – Fotolia.com 18/19 © Eric Isselée 20/21 ff. schoolmaster snapper © Christian Schoettler – Fotolia.com · Meeresboden: © Sebastian Kaulitzki – Fotolia.com · Malediven © fotomaton – Fotolia.com 24/25 ff. © Tomo Jesenicnik – Fotolia.com · © Elenathewise – Fotolia.com 28/29 ff. © sonne Fleckl – Fotolia.com